Liebesgedichte 4   Petrarca

Herausgegeben von Ulla Hahn

Francesco Petrarca
Liebesgedichte

Italienisch / Deutsch

Auswahl und Nachwort
von Peter Brockmeier

Reclam

Inhalt

Voi ch'ascoltate in rime sparse il suono [1] |
   Ihr, die ihr hört in manch zerstreuter Zeile 8

Era il giorno ch'al sol si scoloraro [3] |
   Es war der Tag, wo man der Sonne Strahlen 10

La gola e 'l somno et l'otïose piume [7] |
   Schlaf, Üppigkeit und Trägheit, ach, sie haben 12

Quando 'l pianeta che distingue l'ore [9] |
   Wenn der Planete, der die Stunden scheidet 14

Mille fïate, o dolce mia guerrera [21] |
   Viel tausendmal, o süße Kriegerinne 16

Nel dolce tempo de la prima etade [23] |
   Von jener süßen Zeit des ersten Lebensalter 18

Quanto più m'avicino al giorno extremo [32] |
   Je minder ich vom letzten Tag geschieden 34

Solo et pensoso i più deserti campi [35] |
   Einsam, gedankenvoll, die öd'sten Lande 36

Non al suo amante più Dïana piacque [52] |
   Diana schien nicht dem Verliebten besser 38

Benedetto sia 'l giorno, e 'l mese, et l'anno [61] |
   Gesegnet sei der Tag, das Jahr, die Stunde 40

Io son sì stanco sotto 'l fascio antico [81] |
   So müde bin ich von der alten Bürde 42

Erano i capei d'oro a l'aura sparsi [90] |
   Die goldnen Haare mit der Luft sich schwangen 44

Quel vago impallidir che 'l dolce riso [123] |
   Die Blässe, so die engelholden Mienen 46

6 Chiare, fresche et dolci acque [126] |
    Frisch, hell' und süße Fluten 48

S'amor non è, che dunque è quel ch'io sento? [132] |
    Ist's Liebe nicht, was ist es, das ich fühle 54

Pace non trovo, et non ò da far guerra [134] |
    Ich finde Frieden nicht und kann nicht kriegen 56

I' vidi in terra angelici costumi [156] |
    Ich sah der höchsten Schönheit zarte Blüte 58

Lieti fiori et felici, et ben nate herbe [162] |
    Blumen und Gras, erwählt zu schönem Leben 60

Or che 'l ciel et la terra e 'l vento tace [164] |
    Nunmehr, da Himmel, Erd und Winde schweigen 62

Amor fra l'erbe una leggiadra rete [181] |
    Es schlang von Gold und Perlen auf den Matten 64

Passa la nave mia colma d'oblio [189] |
    Es wird mein Schiff, beladen mit Vergessen 66

Pasco la mente d'un sì nobil cibo [193] |
    Die Seele weid' ich an so edler Gabe 68

I dolci colli ov'io lasciai me stesso [209] |
    Die süßen Höhn, wo ich mich selbst gelassen 70

Chi vuol veder quantunque pò Natura [248] |
    Wer, was der Himmel und Natur vermögen 72

Che debb'io far? che mi consigli, Amore? [268] |
    Was fang ich an? was rätst du Liebe mir? 74

Che fai? che pensi? che pur dietro guardi [273] |
    Was tust, was denkst du? Schauest immer rückwärts 82

Se lamentar augelli, o verdi fronde [279] |
    Wenn girrend sich die Vögelein besprechen 84

Quante fïate, al mio dolce ricetto [281] |
 Wie oft, von innern Stürmen heimgesucht 86
Alma felice che sovente torni [282] |
 Oh sel'ge Seele, die du oft zurückkehrst 88
Soleasi nel mio cor star bella et viva [294] |
 Sie lebte schön im Herzen mir, geehret 90
Quel rosignuol, che sì soave piagne [311] |
 Die Nachtigall, die wohl so holde Klagen 92
Quel, che d'odore et di color vincea [337] |
 Des Duft und Farbe überwand die Zonen 94
I' vo piangendo i miei passati tempi [365] |
 Ich geh', beweinend meine vor'gen Tage 96

Nachwort 98
Textnachweise 110
Die Übersetzer 111

Voi ch'ascoltate in rime sparse il suono
di quei sospiri ond'io nudriva 'l core
in sul mio primo giovenile errore
quand'era in parte altr'uom da quel ch'i' sono:

del vario stile in ch'io piango et ragiono,
fra le vane speranze e 'l van dolore,
ove sia chi per prova intenda amore,
spero trovar pietà, nonché perdono.

Ma ben veggio or sì come al popol tutto
favola fui gran tempo, onde sovente
di me medesmo meco mi vergogno;

et del mio vaneggiar vergogna è 'l frutto,
e 'l pentérsi, e 'l conoscer chiaramente
che quanto piace al mondo è breve sogno.

[1]

Ihr, die ihr hört in manch zerstreuter Zeile
der Seufzer Ton, die mir das Herz genähret
solang der erste Jugendwahn gewähret,
da ich ein andrer war wie jetzt zum Teile:

Von jedem, der erprobt der Liebe Pfeile,
hoff' ich, wenn ihm manch wechselnd Blatt erkläret,
wie eitles Leid und Hoffen mich verzehret,
wird nicht Verzeihn bloß, Mitleid mir zuteile.

Wohl seh' ich jetzt, wie ich zu lange Zeiten
der Menschen Fabel war, und muss entbrennen
vor Scham, wenn ich mich mahn' an mein Versäumen.

Und Scham ist nun die Frucht der Eitelkeiten,
und büßendes Bereu'n und klar Erkennen,
das, was der Welt gefällt, ein kurzes Träumen.

August Wilhelm von Schlegel

Era il giorno ch'al sol si scoloraro
per la pietà del suo Factore i rai,
quando i' fui preso, et non me ne guardai,
ché i be' vostr'occhi, donna, mi legaro.

Tempo non mi parea da far riparo
contra' colpi d'Amor: però m'andai
secur, senza sospetto; onde i miei guai
nel commune dolor s'incominciaro.

Trovòmmi Amor del tutto disarmato,
et aperta la via per gli occhi al core,
che di lagrime son fatti uscio et varco:

però, al mio parer, non li fu honore
ferir me de saetta in quello stato,
a voi armata non mostrar pur l'arco.

Es war der Tag, wo man der Sonne Strahlen II
Mitleid um ihren Schöpfer sah entfärben:
Da ging ich sorgenlos in mein Verderben,
weil Eure Augen mir die Freiheit stahlen.

Die Zeit schien nicht gemacht zu Amors Wahlen,
und Schirm und Schutz vor seinem Angriff werben,
unnötig; so begannen meine herben
Drangsale mit den allgemeinen Qualen.

Es fand der Gott mich da ohn alle Wehre,
den Weg zum Herzen durch die Augen offen,
durch die seitdem der Tränen Flut gezogen.

Doch, wie mich dünkt, gereicht's ihm nicht zur Ehre:
Mich hat sein Pfeil in schwachem Stand getroffen,
Euch, der Bewehrten, wies er kaum den Bogen.

August Wilhelm von Schlegel

12 La gola e 'l somno et l'otïose piume
àñno del mondo ogni vertù sbandita,
ond'è dal corso suo quasi smarrita
nostra natura vinta dal costume;

et è sì spento ogni benigno lume
del ciel, per cui s'informa humana vita,
che per cosa mirabile s'addita
chi vòl far d'Elicona nascer fiume.

Qual vaghezza di lauro, qual di mirto?
Povera et nuda vai, Philosophia,
dice la turba al vil guadagno intesa.

Pochi compagni avrai per l'altra via;
tanto ti prego più, gentile spirto:
non lassar la magnanima tua impresa.

Schlaf, Üppigkeit und Trägheit, ach, sie haben
aus unsrer Welt verbannet jede Tugend.
Verscheucht von ihrer Laufbahn ist die Menschheit,
in Banden der Gewohnheit fest gebunden.

Und so erloschen jeder gute Lichtstrahl
des Himmels, der noch unser Leben aufhellt,
dass wundernd man auf den mit Fingern zeiget,
der jetzt vom Helikon will Ströme leiten.

»Was ist denn an dem Lorbeer, an der Myrte?
Die arme nackete Philosophie!« So höhnet,
auf niedrigen Gewinn erpicht, der Pöbel.

Nur wenig also werden dich begleiten
und umso mehr bitt' ich, anmut'ge Seele,
verfolge deine große Unternehmung!

 Johann Gottfried Herder

14 Quando 'l pianeta che distingue l'ore
    ad albergar col Tauro si ritorna,
    cade vertù da l'infiammate corna
    che veste il mondo di novel colore;

    et non pur quel che s'apre a noi di fore,
    le rive e i colli, di fioretti adorna,
    ma dentro dove già mai non s'aggiorna
    gravido fa di sé il terrestro humore,

    onde tal fructo et simile si colga:
    così costei, ch'è tra le donne un sole,
    in me movendo de' begli occhi i rai

    crïa d'amor penseri, atti et parole;
    ma come ch'ella gli governi o volga,
    primavera per me pur non è mai.

    [9]

Wenn der Planete, der die Stunden scheidet,
zum Zeichen wieder sich des Stiers erhoben,
fällt aus den Flammenhörnern Kraft von oben,
so ganz die Welt in neue Farbe kleidet.

Und nicht nur was den Blick von außen weidet,
Bach, Hügel, wird mit Blümlein rings umwoben,
nein, auch der Erd inwend'ges Feucht gehoben,
geschwängert, was den Tag, verborgen, meidet.

Vielfält'ge Frucht entquillet diesem Triebe;
so sie, die unter Frauen eine Sonne,
zuwendend mir der schönen Augen Schimmer,

wirkt in mir Wort, Gedanken, Tat der Liebe:
Jedoch, wie sie auch lenkt der Strahlen Wonne,
Frühling nur ist für mich von nun an nimmer.

Friedrich Wilhelm Joseph von Schelling

16 Mille fïate, o dolce mia guerrera,
per aver co' begli occhi vostri pace
v'aggio proferto il cor; mâ voi non piace
mirar sì basso colla mente altera.

Et se di lui fors'altra donna spera,
vive in speranza debile et fallace:
mio, perché sdegno ciò ch'a voi dispiace,
esser non può già mai così com'era.

Or s'io lo scaccio, et e' non trova in voi
ne l'exilio infelice alcun soccorso,
né sa star sol, né gire ov'altri il chiama,

poria smarrire il suo natural corso:
che grave colpa fia d'ambeduo noi,
et tanto più de voi, quanto più v'ama.

[21]

Viel tausendmal, o süße Kriegerinne,
bot ich mein Herz euch dar, damit mir Frieden
von euren schönen Augen wär' beschieden;
doch ihr seht drüber hin mit stolzem Sinne.

Und hofft ein andres Weib, dass sie's gewinne,
so ist sie von der Wahrheit ganz geschieden.
Mein, weil ich muss verschmähn, was ihr gemieden,
kann es nicht mehr so sein wie vom Beginne.

Verjag' ich's nun, und in dem Bann erduldet
es eure Härte, kann allein nicht bleiben
noch hingehn auch, wo man ihm Zuflucht gibet:

Da möcht es ganz aus seiner Laufbahn treiben;
dann hätten wir es beide schwer verschuldet,
ihr aber umso mehr, je mehr's euch liebet.

August Wilhelm von Schlegel

18   Nel dolce tempo de la prima etade,
    che nascer vide et anchor quasi in herba
    la fera voglia che per mio mal crebbe,
    perché cantando il duol si disacerba,
    canterò com'io vissi in libertade,
    mentre Amor nel mio albergo a sdegno s'ebbe.
    Poi seguirò sì come a lui ne 'ncrebbe
    troppo altamente, e che di ciò m'avenne,
    di ch'io son facto a molta gente exempio:
    benché 'l mio duro scempio
    sia scripto altrove, sì che mille penne
    ne son già stanche, et quasi in ogni valle
    rimbombi il suon de' miei gravi sospiri,
    ch'aquistan fede a la penosa vita.
    E se qui la memoria non m'aita
    come suol fare, iscùsilla i martiri,
    et un penser che solo angoscia dàlle,
    tal ch'ad ogni altro fa voltar le spalle,
    e mi face obliar me stesso a forza:
    ché tèn di me quel d'entro, et io la scorza.

    I' dico che dal dì che 'l primo assalto
    mi diede Amor, molt'anni eran passati,

Von jener süßen Zeit des ersten Lebensalters,
in der geboren, fast noch unreif war
die wilde Sehnsucht, die zu meinem Schaden
                      weiter wuchs,
will ich, weil singend sich der Schmerz entschärft,
besingen, wie in Freiheit ich gelebt,
als Amor meiner Herberge noch nicht willkommen;
dann sing ich weiter, wie ihn dies
zutief bekümmert hat und was mir draus entstand,
wodurch für viele Menschen ich zur Lehre wurde;
obwohl woanders aufgeschrieben wird
mein hart Geschick, so dass schon tausend Federn
müd davon sind und fast in jedem Tal
der Ton von meinen schweren Seufzern widerhallt,
die deutlich Zeugnis geben von dem
                      schmerzensreichen Leben.
Und wenn Erinnrung mich hier nicht mehr stützt,
wie sie's gewohnt, wird meine Marter dies
                      entschuldigen
und ein Gedanke, der allein so viele Not ihr schafft,
dass er sie jedem anderen den Rücken kehren lässt,
mich mit Gewalt mich selbst vergessen lässt,
weil er von mir, was in mir ist, besitzt,
                      und ich die Schale.

So sing ich denn, dass seit dem Tage, da mir Amor
den ersten Angriff lieferte, so viele Jahr
                      vergangen waren,

20 sì ch'io cangiava il giovenil aspetto;
e d'intorno al mio cor pensier' gelati
facto avean quasi adamantino smalto
ch'allentar non lassava il duro affetto.
Lagrima anchor non mi bagnava il petto
né rompea il sonno, et quel che in me non era,
mi pareva un miracolo in altrui.
Lasso, che son! che fui!
La vita el fin, e 'l dì loda la sera.
Ché sentendo il crudel di ch'io ragiono
infin allor percossa di suo strale
non essermi passato oltra la gonna,
prese in sua scorta una possente donna,
ver' cui poco già mai mi valse o vale
ingegno, o forza, o dimandar perdono;
e i duo mi trasformaro in quel ch'i' sono,
facendomi d'uom vivo un lauro verde,
che per fredda stagion foglia non perde.

Qual mi fec'io quando primer m'accorsi
de la trasfigurata mia persona,
e i capei vidi far di quella fronde

dass sich das jugendliche Aussehn mir
                    verändert hatte
und dass gefrorene Gedanken eine fast
                    diamantne Schale
rings um mein Herz gebildet hatten,
die zu erweichen mir das hart Gemüt nicht zuließ;
noch netzte nicht die Träne mir die Brust,
noch brach der Schlaf nicht; was in mir noch fehlte,
erschien ein Wunder mir in andern.
Ach, was bin ich und was war ich?
Das Ende lobt das Leben wie den Tag der Abend;
denn als der Grausame vernahm, von dem
                    ich spreche,
dass bis dahin nicht einer seiner Pfeile
mir durchs Gewand hindurchgedrungen,
nahm er sich zur Begleitung eine mächtge Dame,
der ich an Geist und Kraft und Bitten um Vergebung
nicht viel entgegensetzen konnte und
                    entgegensetzen kann;
die beiden haben mich verwandelt in das, was ich bin,
sie schufen mich lebendgen Mann zu einem
                    grünen Lorbeer um,
der auch in kalter Jahreszeit die Blätter nicht verliert.

Dies wurde ich, als ich zuerst bemerkte,
wie die Person sich mir verwandelte,
und als ich sah, dass mir die Haare zu den
                    Blättern wurden,

22   di che sperato avea già lor corona,
    e i piedi in ch'io mi stetti, et mossi, et corsi,
    com'ogni membro a l'anima risponde,
    diventar due radici sovra l'onde
    non di Peneo, ma d'un più altero fiume,
    e 'n duo rami mutarsi ambe le braccia!
    Né meno anchor m'agghiaccia
    l'esser coverto poi di bianche piume
    allor che folminato et morto giacque
    il mio sperar che tropp'alto montava:
    ché perch'io non sapea dove né quando
    me 'l ritrovasse, solo lagrimando
    là 've tolto mi fu, dì e nocte andava,
    ricercando dallato, et dentro a l'acque;
    et già mai poi la mia lingua non tacque
    mentre poteo del suo cader maligno:
    ond'io presi col suon color d'un cigno.

    Così lungo l'amate rive andai,
    che volendo parlar, cantava sempre
    mercé chiamando con estrania voce;
    né mai in sì dolci o in sì soavi tempre
    risonar seppi gli amorosi guai,
    che 'l cor s'umilïasse aspro et feroce.

von denen ich die Krone hatt' erhofft,
dass meine Füße, die zum Stehn, Bewegen,
                        Laufen ich gebrauchte,
wie jedes Glied dem Wink der Seele folgt,
zwei Wurzeln wurden dicht am Wasser,
nicht dem des Penëus, sondern eines
                        stolzren Flusses,
und wie zwei Zweige mir die Arme wurden!
Nicht weniger ward ich von Furcht erfasst,
als später ich bedeckt von weißen Federn wurde,
vom Blitz getroffen tot darniederlag
die Hoffnung mir, weil sie zu hoch gestiegen;
da ich nicht wusste, wo und wann ich mir
sie wieder finden würde, ging ich dort umher
alleine, weinend, wo sie mir genommen,
bei Tag und Nacht und suchte neben, in dem Wasser;
und seitdem hat die Zunge mir nicht mehr
                        geschwiegen,
solang sie reden konnte von dem bösen Fall,
und davon nahm ich mit der Stimme auch die Farbe
                        eines Schwans an.

So ging geliebten Ufern ich entlang
und wollte sprechen, aber sang doch immer
und rief mit einer seltsam Stimm um Mitleid
und war doch niemals fähig, meine Liebesklagen
so süß und in so sanften Klängen vorzutragen,
dass jenes harte, wilde Herz sich beugte.

24 Qual fu a sentir? ché 'l ricordar mi coce:
ma molto più di quel, che per inanzi
de la dolce et acerba mia nemica
è bisogno ch'io dica,
benché sia tal ch'ogni parlare avanzi.
Questa che col mirar gli animi fura,
m'aperse il petto, e 'l cor prese con mano,
dicendo a me: Di ciò non far parola.
Poi la rividi in altro habito sola,
tal ch'i' non la conobbi, oh senso humano,
anzi le dissi 'l ver pien di paura;
ed ella ne l'usata sua figura
tosto tornando, fecemi, oimè lasso,
d'un quasi vivo et sbigottito sasso.

Ella parlava sì turbata in vista,
che tremar mi fea dentro a quella petra,
udendo: I' non son forse chi tu credi.
E dicea meco: Se costei mi spetra,
nulla vita mi fia noiosa o trista;
a farmi lagrimar, signor mio, riedi.

Wie spürte ich's, denn die Erinnerung betrübt 25
                        mich noch.
Doch mehr als über das, wovon ich bisher sprach,
muss ich von meiner süßen, bittren
                        Feindin sprechen,
wenn sie auch ist von solcher Art,
dass alles Sprechen sie nicht fassen kann.
Die, die mit ihrem Blick schon Seelen raubt,
hat mir die Brust geöffnet, mit der Hand mein
                        Herz genommen
und mir gesagt: »Sprich davon nie ein Wort.«
Ich sah sie später dann in anderem Gewand, allein,
so dass ich sie nicht mehr erkannte,
                        oh du Menschensinn!
Ich sagte ihr jedoch die Wahrheit, voller Furcht;
und sie, die schnell zurückgekehrt
zu ihrer üblichen Gestalt, verwandelte mich,
                        ach und weh,
in einen beinah lebenden, erschreckten Stein.

Sie sprach so sichtlich ärgerlich,
dass sie mich zittern ließ im Innern jenes Steins,
ich hörte: »Ich bin nicht die, die du vielleicht dir
                        vorstellst.«
Ich sprach zu mir: »Wenn diese aus dem Stein
                        mich löst,
wird mir kein Leben lästig oder traurig sein:
Komm, Herr, zurück und mach mich weinen.«

26　Come non so: pur io mossi indi i piedi,
non altrui incolpando che me stesso,
mezzo tutto quel dì tra vivo et morto.
Ma perché 'l tempo è corto,
la penna al buon voler non pò gir presso:
onde più cose ne la mente scritte
vo trapassando, et sol d'alcune parlo
che meraviglia fanno a chi l'ascolta.
Morte mi s'era intorno al cor avolta,
né tacendo potea di sua man trarlo,
o dar soccorso a le vertuti afflitte;
le vive voci m'erano interditte;
ond'io gridai con carta et con incostro:
Non son mio, no. S'io moro, il danno è vostro.

Ben mi credea dinanzi agli occhi suoi
d'indegno far così di mercé degno,
et questa spene m'avea fatto ardito:
ma talora humiltà spegne disdegno,
talor l'enfiamma; et ciò sepp'io da poi,

Ich weiß nicht wie, doch regte ich die Füße
                              von dort fort,
nicht jemand anderen beschuldigend,
                              allein mich selbst,
an diesem Tag halb tot und halb lebendig.
Doch da die Zeit so kurz ist,
kann meine Feder meinem guten Willen
                              nicht dicht folgen,
deshalb spring über viele Dinge ich hinweg,
die in den Geist mir eingeschrieben sind, und
                              spreche nur von einigen,
die jene, die sie hören, staunen lassen.
Der Tod ward mir ums Herz gewunden,
und schweigend konnt ich's ihm nicht aus
                              der Hand ziehn,
nicht meinen angeschlagnen Kräften Hilfe geben;
die laute Stimme war mir untersagt,
so schrie ich es mit Tinte und Papier:
»Ich bin mein Eigen nicht, nein; sterb ich,
                              ist der Schaden Euer.«

Ich glaubte wohl, auf diese Art vor ihren Augen
von einem Unwürdigen zu dem zu werden,
der Gnade würdig ist, und jene Hoffnung hat mich
                              kühn gemacht;
doch manchmal nur löscht Demut die
                              Verachtung aus,
manchmal entflammt sie sie noch, das erfuhr
                              ich dann,

lunga stagion di tenebre vestito:
ch'a quei preghi il mio lume era sparito.
Ed io non ritrovando intorno intorno
ombra di lei, né pur de' suoi piedi orma,
come huom che tra via dorma,
gittaimi stancho sovra l'erba un giorno.
Ivi accusando il fugitivo raggio,
a le lagrime triste allargai 'l freno,
et lasciaile cader come a lor parve;
né già mai neve sotto al sol disparve
com'io sentì' me tutto venir meno,
et farmi una fontana a pie' d'un faggio.
Gran tempo humido tenni quel viaggio.
Chi udì mai d'uom vero nascer fonte?
E parlo cose manifeste et conte.

L'alma ch'è sol da Dio facta gentile,
ché già d'altrui non pò venir tal gratia,
simile al suo Factor stato ritene:
però di perdonar mai non è sacia
a chi col core et col sembiante humile
dopo quantunque offese a mercé vène.

für lange Zeit war ich in Dunkelheit gehüllt;
denn über solchen Bitten war mein Licht
                          verschwunden,
und ich, der ringsumher nicht einen Schatten
                          von ihr fand,
nicht einmal eine Spur von ihren Füßen,
warf mich, so wie ein Mann, der auf dem Wege
                          schlafen will,
müd eines Tages auf das Gras.
Dort klagt ich an den flüchtgen Lichtstrahl
und ließ den Trauertränen freien Lauf
und ließ sie fallen, wie sie fallen wollten;
und niemals schmolz ein Schnee noch unter Sonne
so schnell, wie ich mich selbst vollständig schmelzen
und mich zu einem Brunnen unter einer Buche
                          werden fühlte;
und lange Zeit fuhr ich auf diesem nassen Wege fort.
Wer hörte jemals, dass ein Mann
                          zum Brunnen wurde?
Und doch sprech ich von offenbaren und
                          bekannten Dingen.

Die Seele, die allein durch Gott nur edel wird –
von niemand anderem kann solche Gnade kommen –,
bewahrt den Stand, der ihrem Schöpfer ähnlich ist;
darum wird niemals satt sie zu verzeihen,
wenn einer kommt mit demütigem Herz und Wesen
nach noch so vielen Missetaten und um Gnade bittet.

30 Et se contra suo stile ella sostene
    d'esser molto pregata, in Lui si specchia,
    et fal perché 'l peccar più si pavente:
        ché non ben si ripente
    de l'un mal chi de l'altro s'apparecchia.
    Poi che madonna da pietà commossa
    degnò mirarme, et ricognovve et vide
    gir di pari la pena col peccato,
    benigna mi redusse al primo stato.
    Ma nulla à 'l mondo in ch'uom saggio si fide:
    ch'ancor poi ripregando, i nervi et l'ossa
    mi volse in dura selce; et così scossa
    voce rimasi de l'antiche some,
    chiamando Morte, et lei sola per nome.

    Spirto doglioso errante (mi rimembra)
    per spelunche deserte et pellegrine,
    piansi molt'anni il mio sfrenato ardire:
    et anchor poi trovai di quel mal fine,
    et ritornai ne le terrene membra,
    credo per più dolore ivi sentire.
    I' seguí' tanto avanti il mio desire
    ch'un dì cacciando sí com'io solea
    mi mossi; e quella fera bella et cruda

Und wenn sie, ihrer Art entgegen, standhält,
um viele Bitten anzuhören, spiegelt sie nur Ihn
und handelt so, dass Sünde mehr gefürchtet werde;
weil der nicht wirklich für ein Übel büßt,
der für das nächste sich bereitet.
Als meine Herrin dann, bewegt von Mitleid,
mich eines Blickes würdigte und sah, erkannte,
dass sich die Strafe und die Sünde glichen,
versetzte sie mich gnädig in den ersten
                        Stand zurück.
Doch nichts gibt's auf der Welt, auf das ein weiser
                        Mann vertraut;
denn als ich wieder bat, verwandelte sie Nerven
                        mir und Knochen
in harten Flintstein, und so blieb ich – eine Stimme,
die von der alten Bürde freigeschüttelt ward
und doch den Tod rief und nur sie beim Namen.

Mit schmerzensvollem Geiste wandernd,
                        so erinnre ich,
durch ganz verlassene und fremde Schluchten,
beweint ich viele Jahre meine zügellose Lust
und fand dann doch ein Ende jenes Leidens
und kehrte heim in meine irdschen Glieder,
ich glaub, um dort noch größeren Schmerz zu fühlen.
Ich folgte meiner Leidenschaft so weit,
dass eines Tages ich, auf Jagd, wie ich's gewohnt,
voranschritt, und da war dies grausam-schöne Wild

in una fonte ignuda
si stava, quando 'l sol più forte ardea.
Io, perché d'altra vista non m'appago,
stetti a mirarla: ond'ella ebbe vergogna;
et per farne vendetta, o per celarse,
l'acqua nel viso co le man' mi sparse.
Vero dirò (forse e' parrà menzogna)
ch'i' sentì' trarmi de la propria imago,
et in un cervo solitario et vago
di selva in selva ratto mi trasformo:
et anchor de' miei can' fuggo lo stormo.

Canzon, i' non fu' mai quel nuvol d'oro
che poi discese in pretïosa pioggia,
sì che 'l foco di Giove in parte spense;
ma fui ben fiamma ch'un bel guardo accense,
et fui l'uccel che più per l'aere poggia,
alzando lei che ne' miei detti honoro:
né per nova figura il primo alloro
seppi lassar, ché pur la sua dolce ombra
ogni men bel piacer del cor mi sgombra.

in einer Quelle nackt,
als ganz besonders heiß die Sonne brannte.
Ich, der durch einen andren Anblick nicht
                              befriedigt wird,
stand, sie zu schaun, worüber sie sich schämte
und dann, um sich zu rächen oder sich zu bergen,
mir mit der Hand das Wasser ins Gesicht warf.
Die Wahrheit will ich sagen, vielleicht
                              erscheint's als Lüge:
dass ich mich von dem eignen Bilde
                              weggezogen fühlte
und rasch in einen Hirsch verwandelt wurde,
der einzelgängerisch von Wald zu Wald schweift,
und noch flieh ich vorm Bellen meiner Hunde.

Lied, niemals war die Wolke ich von Gold,
die einstmals niederging in einem Regen kostbar,
so dass sie Jupiter das Feuer etwas löschte;
doch war ich sicher eine Flamme, die ein schöner
                              Blick entzündet hat,
ich war der Vogel, der am höchsten in die Luft stieg
und dabei die erhob, die ich in meinen Worten ehre.
Für keine andere Gestalt wollt ich den ersten
                              Lorbeer lassen,
denn dessen süßer Schatten wehrt allein
mir alle mindren Freuden ab vom Herzen.

Winfried Tilmann

34 Quanto più m'avicino al giorno extremo
    che l'umana miseria suol far breve,
    più veggio il tempo andar veloce et leve,
    e 'l mio di lui sperar fallace et scemo.

    I' dico a' miei pensier': Non molto andremo
    d'amor parlando omai, ché 'l duro et greve
    terreno incarco come frescha neve
    si va struggendo; onde noi pace avremo:

    perché co·llui cadrà quella speranza
    che ne fe' vaneggiar sì lungamente,
    e 'l riso e 'l pianto, et la paura et l'ira;

    sì vedrem chiaro poi come sovente
    per le cose dubbiose altri s'avanza,
    et come spesso indarno si sospira.

    [32]

Je minder ich vom letzten Tag geschieden,
der kurz zu machen pflegt menschliche Wehen,
je mehr seh' ich die Zeit behende gehen.
Und von der falschen Hoffnung mich gemieden.

Ich sage meinem Sinn: Nicht lang hienieden
wird unser Liebesreden mehr bestehen;
die schwere ird'sche Last will ja zergehen
wie frischer Schnee, dann aber kommt uns Frieden.

Weil fallen wird mit ihr, dies was ich hoffte,
wovon so langes Wähnen mich begleitet,
und Lachen, Weinen, Bangen, Zürnen, Lechzen.

Klar werden wir dann einsehn, wie man ofte
um zweifelhafte Dinge vorwärts schreitet,
und wie wir oftermals vergeblich ächzen.

Caroline Schelling

36   Solo et pensoso i più deserti campi
     vo mesurando a passi tardi et lenti,
     et gli occhi porto per fuggire intenti
     ove vestigio human la rena stampi.

     Altro schermo non trovo che mi scampi
     dal manifesto accorger de le genti,
     perché negli atti d'alegrezza spenti
     di fuor si legge com'io dentro avampi:

     sì ch'io mi credo omai che monti et piagge
     et fiumi et selve sappian di che tempre
     sia la mia vita, ch'è celata altrui.

     Ma pur sì aspre vie né sì selvagge
     cercar non so, ch'Amor non venga sempre
     ragionando con meco, et io co·llui.

     [35]

Einsam, gedankenvoll, die öd'sten Lande
Geh' ich durchmessend, langsam und verdrossen,
Und wend' umher den Blick, zur Flucht entschlossen,
Wo Menschenspur sich eingedrückt dem Sande.

Sonst find' ich keine Wehr zum Widerstande,
Beim scharfen Spähn zudringlicher Genossen;
Weil Gang und Blick, der Fröhlichkeit verschlossen,
Von außen zeugt von meinem innern Brande.

So dass ich glaub', es haben schon vernommen
Berg, Wald, Gefild und Fluss, von welcher Weise
Mein Leben sei, das andern ich verhehle.

Doch weiß ich nicht auf einen Pfad zu kommen,
So rauh und wild, dass Amor nicht sich weise,
Und er nicht mir, und ich nicht ihm erzähle.

Johann Diederich Gries

38 Non al suo amante più Dïana piacque,
quando per tal ventura tutta ignuda
la vide in mezzo de le gelide acque,

ch'a me la pastorella alpestra et cruda
posta a bagnar un leggiadretto velo,
ch'a l'aura il vago et biondo capel chiuda,

tal che mi fece, or quand'egli arde 'l cielo,
tutto tremar d'un amoroso gielo.

[52]

Diana schien nicht dem Verliebten besser,
Als er sie sah, geführt durch sein Gestirne,
Ganz nackt inmitten kühler Quellgewässer,

Als mir die alpenliche Schäferdirne,
Die badend steht ein zierliches Gewebe,
Zur Hülle jener blondumlockten Stirne;

So dass ich, wie die Sonn' auch glühend schwebe,
Ganz in verliebtem Frost davon erbebe.

August Wilhelm von Schlegel

40 Benedetto sia 'l giorno, e 'l mese, et l'anno,
et la stagione, e 'l tempo, et l'ora, e 'l punto,
e 'l bel paese, e 'l loco ov'io fui giunto
da' duo begli occhi che legato m'ànno;

et benedetto il primo dolce affanno
ch'i' ebbi ad esser con Amor congiunto,
et l'arco, et le saette ond'i' fui punto,
et le piaghe che 'nfin al cor mi vanno.

Benedette le voci tante ch'io
chiamando il nome de mia donna ò sparte,
e i sospiri, et le lagrime, e 'l desio;

et benedette sian tutte le carte
ov'io fama l'acquisto, e 'l pensier mio,
ch'è sol di lei, sì ch'altra non v'à parte.

[61]

Gesegnet sei der Tag, das Jahr, die Stunde,
wo sie in jenes schönen Frühlings Wehen
mein blaues heitres Aug zuerst gesehen;
wo ach, mein Herz zuerst die tiefe Wunde

empfangen, ich zuerst an ihrem Munde
nach himmlisch süßem, seligem Erflehen,
auf diesen freundlichen besonnten Höhen
geweihet ward der Liebe schönem Bunde!

Gesegnet alle tränenschweren Klagen,
die ich um sie, in unbesuchten Hainen
den aufmerksamen Nymphen oft gesungen!

Denn alles würd' ich für die Teure wagen;
wes Augen um ein solches Mädchen weinen,
der hat des Erdenglückes Ziel errungen.

Friedrich Werthing

42 Io son sì stanco sotto 'l fascio antico
de le mie colpe et de l'usanza ria
ch'i' temo forte di mancar tra via,
et di cader in man del mio nemico.

Ben venne a dilivrarmi un grande amico
per somma et ineffabil cortesia;
poi volò fuor de la veduta mia,
sì ch'a mirarlo indarno m'affatico.

Ma la sua voce anchor qua giù rimbomba:
O voi che travagliate, ecco 'l camino;
venite a me, se 'l passo altri non serra.

Qual gratia, qual amore, o qual destino
mi darà penne in guisa di colomba,
ch'i' mi riposi, et levimi da terra?

[81]

So müde bin ich von der alten Bürde
der Fehler, die mir zur Gewohnheit wurden,
dass ich, in Weges Mitte, zu erliegen
und meinem Feind ein Raub zu werden fürchte.

Da kam zum Glücke mir, mich zu erretten,
aus unaussprechlicher, aus höchster Güte
ein edler Freund; ach aber er entflog mir
so schnell, dass ihm mein Blick vergebens nachsieht!

Jedoch, noch schallet seine Stimm hienieden:
»O ihr Mühseligen! Hier ist die Straße!
Kommt zu mir, kommt! Wenn sonst euch
                               nichts zurückhält!«

O welche Gnad und Liebe! Welch ein Schicksal!
Wer leiht mir gleich der Taube Flügel, aufwärts
zu schwingen mich, damit ich Ruhe finde!

  Johann Gottfried Herder

44 Erano i capei d'oro a l'aura sparsi
che 'n mille dolci nodi gli avolgea,
e 'l vago lume oltra misura ardea
di quei begli occhi ch'or ne son sì scarsi;

e 'l viso di pietosi color' farsi,
non so se vero o falso, mi parea:
i' che l'ésca amorosa al petto avea,
qual meraviglia se di sùbito arsi?

Non era l'andar suo cosa mortale,
ma d'angelica forma, et le parole
sonavan altro che pur voce humana:

uno spirto celeste, un vivo sole
fu quel ch'i' vidi; et se non fosse or tale,
piagha per allentar d'arco non sana.

Die goldnen Haare mit der Luft sich schwangen,
die sie in tausend süße Schlingen legte,
und ohne Maß das holde Licht sich regte
der Augen, die zu geizen angefangen.

Es dünkte mich, als ob in ihren Wangen
des Mitleids Farbe leise sich bewegte:
Ich, der im Busen Liebeszunder hegte,
was Wunder, wenn ich plötzlich Feu'r gefangen?

Ihr Wandeln war nicht aus dem ird'schen Reiche,
nein, Engelsart; und ihrer Worte Wonne
scholl anders wie von eines Menschen Munde.

Ein Geist des Himmels und lebend'ge Sonne
war, was ich sah: Und wär's nicht mehr das Gleiche:
Kein abgespannter Bogen heilt die Wunde.

August Wilhelm von Schlegel

46   Quel vago impallidir che 'l dolce riso
     d'un'amorosa nebbia ricoperse,
     con tanta maiestade al cor s'offerse
     che li si fece incontr' a mezzo 'l viso.

     Conobbi allor sì come in paradiso
     vede l'un l'altro, in tal guisa s'aperse
     quel pietoso penser ch'altri non scerse:
     ma vidil'io, ch'altrove non m'affiso.

     Ogni angelica vista, ogni atto humile
     che già mai in donna ov'amor fosse apparve,
     fôra uno sdegno a lato a quel ch'i' dico.

     Chinava a terra il bel guardo gentile,
     et tacendo dicea, come a me parve:
     Chi m'allontana il mio fedele amico?

Die Blässe, so die engelholden Mienen
mit einem Abendwölkchen überzog,
war kaum in stiller Würde mir erschienen,
als schon mein Herz auf meine Lippen flog.

Mir schien ihr Herz sich so zu offenbaren,
wie dort vor Gott Verklärte sich durchschaun;
doch keiner würd' auf meine Rede baun,
tät' ich es kund, was da mein Geist erfahren.

Sie lächelte mir sittsam, lieb und mild;
des schönsten Weibes sanfteste Gebärden
sind gegen solch ein Lächeln rauh und wild.

Sie neigte wehmutsvoll die Stirn zur Erden
und schwieg; doch fragte mich ihr leiser Blick:
Geliebter Freund, wann kehrest du zurück?

August Wilhelm von Schlegel

48   Chiare, fresche et dolci acque,
    ove le belle membra
    pose colei che sola a me par donna;
    gentil ramo ove piacque
    (con sospir' mi rimembra)
    a lei di fare al bel fianco colonna;
    herba et fior' che la gonna
    leggiadra ricoverse
    co l'angelico seno;
    aere sacro, sereno,
    ove Amor co' begli occhi il cor m'aperse:
    date udïenzia insieme
    a le dolenti mie parole extreme.

    S'egli è pur mio destino,
    e 'l cielo in ciò s'adopra,
    ch'Amor quest'occhi lagrimando chiuda,
    qualche gratia il meschino
    corpo fra voi ricopra,
    e torni l'alma al proprio albergo ignuda.
    La morte fia men cruda
    se questa spene porto
    a quel dubbioso passo;
    ché lo spirito lasso
    non poria mai in più riposato porto
    né in più tranquilla fossa
    fuggir la carne travagliata et l'ossa.

Frisch, hell' und süße Fluten,
Wo sie die schönen Glieder
Gebettet, die allein mir Weib geschienen!
Laub-Ast, der, wo sie ruhten,
Mit Seufzen denk' ichs wieder,
Dem schönen Leib zur Säule durfte dienen!
Gras, Blumen rings an ihnen,
Die samt des Kleides Falten
Der Engelbusen drückte!
Heil'ge Luft und beglückte,
Wo Lieb' ihr schönes Aug' an mir ließ walten!
Gehör gebt all' und jede
Noch meiner klagenden und letzten Rede.

Ists über mich verhangen
Vom Himmel ohn' Erbarmen,
Dass weinend dieses Aug' in Lieb' ersterbe:
So mag nur Gnad' erlangen
Bei euch der Leib des Armen,
Und nackt die Seele kehren in ihr Erbe.
Der Tod wird minder herbe,
Wenn zu der dunkeln Pforte
Mich diese Hoffnung leitet.
Denn nirgend ist bereitet
Dem müden Geist, in friedlicherem Porte,
In still'rer Gruft Umfassen,
Sein kraftlos Fleisch und sein Gebein zu lassen.

50   Tempo verrà anchor forse
ch'a l'usato soggiorno
torni la fera bella et mansueta,
et là 'v'ella mi scorse
nel benedetto giorno
volga la vista disiosa et lieta,
cercandomi: et, o pieta!,
già terra infra le pietre
vedendo, Amor l'inspiri
in guisa che sospiri
sì dolcemente che mercé m'impetre,
et faccia forza al cielo,
asciugandosi gli occhi col bel velo.

Da' be' rami scendea
(dolce ne la memoria)
una pioggia di fior' sovra 'l suo grembo;
et ella si sedea
humile in tanta gloria,
coverta già de l'amoroso nembo.
Qual fior cadea sul lembo,
qual su le treccie bionde,
ch'oro forbito et perle
eran quel dì, a vederle;
qual si posava in terra, et qual su l'onde;
qual, con un vago errore
girando, parea dir: Qui regna Amore.

Wohl wird die Zeit noch kommen,
Dass auf gewohnten Wegen
Die schöne sanfte Wilde wieder gehe;
Wo sie mich wahrgenommen
An jenem Tag voll Segen,
Dahin den Blick froh und verlangend drehe,
Mich suchend; und, o Wehe!
Schon Staub nun unter Steinen
Erblickend, Lieb' einhauche
Sich ihr, dass sie verhauche
So süße Seufzer, die mir Gnad' erweinen,
Und heim den Himmel suche,
Die Augen trocknend mit dem Schleiertuche.

Es stieg von schönen Zweigen,
Was noch mich süß erfüllet,
Auf ihren Schoß ein Blüten-Regen nieder.
Sie saß mit sitt'gem Neigen
In solcher Pracht, umhüllet
Von den verliebten Flöckchen hin und wieder.
Eins war zum Saum, eins wieder
Zum blonden Haar geflogen,
Das an dem Tag die Holde
Gleich Perlen flocht und Golde;
Eins ruht' am Boden, eines auf den Wogen;
Eins schien mit irrem Triebe
Kreisend zu sagen: Hier regiert die Liebe.

52   Quante volte diss'io
allor pien di spavento:
Costei per fermo nacque in paradiso.
Così carco d'oblio
il divin portamento
e 'l volto e le parole e 'l dolce riso
m'aveano, et sì diviso
da l'imagine vera,
ch'i' dicea sospirando:
Qui come venn'io, o quando?;
credendo esser in ciel, non là dov'era.
Da indi in qua mi piace
questa herba sì, ch'altrove non ò pace.

Se tu avessi ornamenti quant'ài voglia,
poresti arditamente
uscir del boscho et gir in fra la gente.

[126]

Wie viele Male musste
Ich da voll Wunders sagen:
Fürwahr, die ward im Paradies geboren!
So hatt' ins Unbewusste
Ich durch ihr göttlich Tragen,
Antlitz, und Wort und Lächeln mich verloren,
Und einen Wahn erkoren,
So fremd dem Bild des Wahren,
Dass ich die Frag' erhoben:
Wie und seit wann hier oben?
Im Himmel glaubend mich, nicht wo wir waren.
Seitdem gefällt der Rasen
Mir so, dass dort die Sinne nur genasen.

Wenn du die Zierden hättest, wie das Wollen,
Du könntest aus der Enge
Des Busches dreist hervorgehn zu der Menge.

August Wilhelm von Schlegel

54 S'amor non è, che dunque è quel ch'io sento?
Ma s'egli è amor, perdio, che cosa et quale?
Se bona, onde l'effecto aspro mortale?
Se ria, onde sì dolce ogni tormento?

S'a mia voglia ardo, onde 'l pianto e lamento?
S'a mal mio grado, il lamentar che vale?
O viva morte, o dilectoso male,
come puoi tanto in me, s'io nol consento?

Et s'io 'l consento, a gran torto mi doglio.
Fra sì contrari vènti in frale barca
mi trovo in alto mar senza governo,

sì lieve di saver, d'error sì carca
ch'i' medesmo non so quel ch'io mi voglio,
e tremo a mezza state, ardendo il verno.

Ist's Liebe nicht, was ist es, das ich fühle,
und ist es Liebe, wie soll ich's erklären?
Ist sie ein Gut, woher die bittern Zähren?
Ein Übel, wie so himmlisch dem Gefühle?

Woher das Leid, wenn frei ich mit ihr spiele?
Nicht frei, was kann die Klage mir gewähren?
O Seligkeit zu fühlen, Tod zu nähren,
wenn ich's nicht will, wie dien' ich dir zum Spiele?

Und will ich's, ist nicht Unrecht die Beschwerde?
So treib' ich steuerlos, in schwachem Kahne
auf offnem Meer, ein Raub empörter Winde:

So leicht an Weisheit und so schwer an Wahne,
dass ich am eignen Willen irre werde,
im Sommer Frost, im Winter Glut empfinde.

  Johann Gotthard von Reinold

56 Pace non trovo, et non ò da far guerra;
e temo, et spero; et ardo, et son un ghiaccio;
et volo sopra 'l cielo, et giaccio in terra;
et nulla stringo, et tutto 'l mondo abbraccio.

Tal m'à in pregion, che non m'apre né serra,
né per suo mi riten né scioglie il laccio;
et non m'ancide Amore, et non mi sferra,
né mi vuol vivo, né mi trae d'impaccio.

Veggio senza occhi, et non ò lingua et grido;
et bramo di perir, et cheggio aita;
et ò in odio me stesso, et amo altrui.

Pascomi di dolor, piangendo rido;
egualmente mi spiace morte et vita:
in questo stato son, donna, per voi.

[134]

Ich finde Frieden nicht und kann nicht kriegen;
ich hoff' und fürcht', ich glüh' und ich erblasse;
die Erde hält mich, Himmel sehn mich fliegen,
alles umschling' ich, da ich doch nichts fasse.

Man lässt mich frei nicht, nicht in Banden liegen,
weiß nicht, ob man mich halt', ob mich entlasse;
nicht fallen lässt mich Amor und nicht siegen,
zweifelt, ob er mich töt', ob leben lasse.

Ich seh' und ich bin blind, bin stumm und klage,
ich ruf' um Hülf und wünsche mein Verderben;
ich hass' mich selbst, indes ich andre liebe.

Mich labt der Schmerz; ich frohlock' und verzage;
ich mag nicht leben, und ich mag nicht sterben;
dies ist mein Zustand, Herrin, euch zuliebe.

Johann Gotthard von Reinold

58   I' vidi in terra angelici costumi
et celesti bellezze al mondo sole,
tal' che di rimembrar mi giova et dole,
ché quant'io miro par sogni, ombre et fumi;

et vidi lagrimar que' duo bei lumi,
ch'àn fatto mille volte invidia al sole;
et udì' sospirando dir parole
che farian gire i monti et stare i fiumi.

Amor, Senno, Valor, Pietate et Doglia
facean piangendo un più dolce concento
d'ogni altro che nel mondo udir si soglia;

ed era il cielo a l'armonia sì intento
che non se vedea in ramo mover foglia,
tanta dolcezza avea pien l'aere e 'l vento.

[156]

Ich sah der höchsten Schönheit zarte Blüte,
den Reiz, der meine Sinne so verwirrt,
dass alles sonst mir Traum und Schatten wird,
gepaart mit Sittenhuld und Engelgüte;

und sah, von stummer Wehmut wie berauscht,
ihr helles Aug im Tau der Tränen schwimmen.
Ach, Wald und Waldstrom hätte wohl gelauscht
bei ihren Reden, ihren Klagestimmen!

Denn Weisheit, Seelenadel, Lieb und Gram
verbanden da harmonisch sich zu Weisen,
die nimmer noch die Welt so süß vernahm.

Es hallte nach in allen Himmelskreisen;
es säuselte kein Blatt an Busch und Baum,
nur Melodie durchfloss der Lüfte Raum.

August Wilhelm von Schlegel

60   Lieti fiori et felici, et ben nate herbe
che madonna pensando premer sòle;
piaggia ch'ascolti sue dolci parole,
et del bel piede alcun vestigio serbe;

schietti arboscelli et verdi frondi acerbe,
amorosette et pallide viole;
ombrose selve, ove percote il sole
che vi fa co' suoi raggi alte et superbe;

o soave contrada, o puro fiume,
che bagni il suo bel viso et gli occhi chiari
et prendi qualità dal vivo lume;

quanto v'invidio gli atti honesti et cari!
Non fia in voi scoglio omai che per costume
d'arder co la mia fiamma non impari.

Blumen und Gras, erwählt zu schönem Leben,
die Lauras Fuß vorübergehend drücket;
du Land, das ihre sanfte Stimm entzücket,
dem die geliebten Spuren sich verweben;

Stauden, von zart und frischem Grün umgeben,
blassdunkle Veilchen, die ihr Liebe blicket,
Wald, dessen dunkle Nacht die Sonn durchzücket,
durch die sich stolzer deine Bäum erheben;

o süßes Land, o Fluss von einz'ger Reine,
der ihr Gesicht netzt und die Augen beide,
und klarer wird von dem lebend'gen Scheine:

Wie ich das liebe sitt'ge Tun euch neide!
Nicht fehl' es fürder eurem kleinsten Steine,
dass er nicht mit an meiner Flamme leide!

Johann Gotthard von Reinold

62   Or che 'l ciel et la terra e 'l vento tace
et le fere e gli augelli il sonno affrena,
Notte il carro stellato in giro mena
et nel suo letto il mar senz'onda giace,

vegghio, penso, ardo, piango; et chi mi sface
sempre m'è inanzi per mia dolce pena:
guerra è 'l mio stato, d'ira et di duol piena,
et sol di lei pensando ò qualche pace.

Così sol d'una chiara fonte viva
move 'l dolce et l'amaro ond'io mi pasco;
una man sola mi risana et punge;

e perché 'l mio martir non giunga a riva,
mille volte il dì moro et mille nasco,
tanto da la salute mia son lunge.

   [164]

Nunmehr, da Himmel, Erd und Winde schweigen,
Gefieder, Wild, des Schlummers Bande tragen,
die Nacht im Kreise führt den Sternenwagen,
des Meeres Wellen sich zur Ruhe neigen:

Nun wach' ich, sinne, glüh' und wein', alleigen
dem, der mich stets verfolgt mit süßen Plagen.
Krieg ist mein Zustand, Zorn und Missbehagen;
nur, denk' ich sie, will Friede mir sich zeigen.

So strömt, was mich ernährt, das Süß und Herbe
aus eines einz'gen Quells lebend'gem Strahle;
dieselbe Hand gibt Heilung mir und Wunden.

Und dass mein Leiden nie ein Ziel erwerbe,
sterb' und ersteh' ich täglich tausend Male;
so weit entfernt noch bin ich, zu gesunden.

Johann Diederich Gries

64   Amor fra l'erbe una leggiadra rete
d'oro et di perle tese sott'un ramo
dell'arbor sempre verde ch'i' tant'amo,
benché n'abbia ombre più triste che liete.

L'ésca fu 'l seme ch'egli sparge et miete,
dolce et acerbo, ch'i' pavento et bramo;
le note non fur mai, dal dì ch'Adamo
aperse gli occhi, sì soavi et quete.

E 'l chiaro lume che sparir fa 'l sole
folgorava d'intorno; e 'l fune avolto
era a la man ch'avorio et neve avanza.

Così caddi a la rete, et qui m'àn colto
gli atti vaghi et l'angeliche parole,
e 'l piacer e 'l desire et la speranza.

Es schlang von Gold und Perlen auf den Matten
Amor ein niedlich Netz sich, unter Zweigen
des grünen Baumes, dem ich ganz zu eigen,
obwohl mehr traurig mir, als froh sein Schatten.

Lockung die Saat war, wo sich Ernten gatten
von Süß und Herb, der Wunsch und Furcht sich
                                    neigen.
Seit jenem Tag, der ersten Schöpfung Zeugen,
so sanfte Klänge nie getönet hatten.

Das helle Licht, das schwinden macht die Sonne,
entstrahlte rings; der Strick war umgewunden
der Hand, der Schnee und Elfenbein sich bücken.

So fiel ins Netz ich; hier hält mich umwunden
der Rede Himmel und des Wesens Wonne,
und Hoffnung und Verlangen und Entzücken.

  Johann Gotthard von Reinold

66   Passa la nave mia colma d'oblio
       per aspro mare, a mezza notte il verno,
       enfra Scilla et Caribdi; et al governo
       siede 'l signore, anzi 'l nimico mio.

       A ciascun remo un penser pronto et rio
       che la tempesta e 'l fin par ch'abbi a scherno;
       la vela rompe un vento humido eterno
       di sospir', di speranze et di desio.

       Pioggia di lagrimar, nebbia di sdegni
       bagna et rallenta le già stanche sarte,
       che son d'error con ignorantia attorto.

       Celansi i duo mei dolci usati segni;
       morta fra l'onde è la ragion et l'arte,
       tal ch'incomincio a desperar del porto.

Es wird mein Schiff, beladen mit Vergessen,
im Winter, mitternachts, auf rauhen Wogen,
durch Scylla und Charybdis hingezogen;
am Steuer ist mein Herr, mein Feind, gesessen;

Gedanken an den Rudern, die vermessen
sich, wie es scheint, selbst auf den Sturm getrogen;
die Segel reißend, kommt ein Wind geflogen,
den Seufzer, Hoffnung, Wunsch ewig erpressen.

Des Zürnens Nebel, Tränenregen feuchtet
die schlaffen Taue, bis sie gar verdorben,
gedreht aus Irrtum und unkund'gen Zweifeln.

Die beiden Sterne fliehn, die sonst geleuchtet,
Vernunft und Kunst ist in der Flut erstorben,
dass ich anfang' am Hafen zu verzweifeln.

August Wilhelm von Schlegel

68   Pasco la mente d'un sì nobil cibo,
ch'ambrosia et nectar non invidio a Giove,
ché, sol mirando, oblio ne l'alma piove
d'ogni altro dolce, et Lethe al fondo bibo.

Talor ch'odo dir cose, e 'n cor describo
perché da sospirar sempre ritrove,
rapto per man d'Amor, né so ben dove,
doppia dolcezza in un volto delibo:

ché quella voce infin al ciel gradita
suona in parole sì leggiadre et care,
che pensar nol poria chi non l'à udita.

Allor inseme, in men d'un palmo, appare
visibilmente quanto in questa vita
arte, ingegno et Natura e 'l Ciel pò fare.

[193]

Die Seele weid' ich an so edler Gabe,
ich mag den Nektar Jovis nicht gewinnen;
vom Schaun bloß taut Vergessen in die Sinnen,
dass ich im Lethe trinkend mich begrabe.

Oft hör' ich Dinge, und ins Herz sie grabe,
darob ich nie dem Seufzen kann entrinnen;
ich kost', entrückt durch Liebeshand von hinnen,
in einem Angesicht zwiefache Labe.

Die Stimme, die zum Himmel weiß zu schweben,
tönt Worte, holder, teurer, wie wohl meinet,
wem sie zu hören nimmer war gegeben.

In kleinerm Raum als einer Spann erscheinet
dann sichtbarlich, wie weit in diesem Leben
sich Kunst, Weisheit, Natur und Himmel einet.

August Wilhelm von Schlegel

70   I dolci colli ov'io lasciai me stesso,
partendo onde partir già mai non posso,
mi vanno innanzi, et èmmi ognor adosso
quel caro peso ch'Amor m'à commesso.

Meco di me mi meraviglio spesso,
ch'i' pur vo sempre, et non son anchor mosso
dal bel giogo più volte indarno scosso,
ma com più me n'allungo, et più m'appresso.

Et qual cervo ferito di saetta,
col ferro avelenato dentr'al fianco,
fugge, et più duolsi quanto più s'affretta,

tal io, con quello stral dal lato manco,
che mi consuma, et parte mi diletta,
di duol mi struggo, et di fuggir mi stanco.

Die süßen Höhn, wo ich mich selbst gelassen,
entfliehend, dem ich nimmer kann entfliehen,
ziehn vor mir her; die Amor mir verliehen,
die teure Bürde kann ich nimmer lassen.

Oft kann ich selbst mich nicht verstehn noch fassen;
denn ob ich flieh', ist's nimmer mir gediehen,
dem schönen Joch den Nacken zu entziehen,
und näher komm' ich, statt es zu verlassen.

Und wie der Hirsch, durchbohrt vom gift'gen Pfeile,
obwohl der Stahl ihm an der Seite nage,
flieht, und je mehr sich quält, je mehr er eile:

So mit dem Pfeil, den ich im Herzen trage,
der mich verzehrt und mich ergötzt zum Teile,
ermatt' ich fliehend und vergeh' in Plage.

  Johann Diederich Gries

72 Chi vuol veder quantunque pò Natura
e 'l Ciel tra noi, venga a mirar costei,
ch'è sola un sol, non pur a li occhi mei,
ma al mondo cieco, che vertù non cura;

et venga tosto, perché Morte fura
prima i migliori, et lascia star i rei:
questa, aspettata al regno delli dèi,
cosa bella mortal passa et non dura.

Vedrà, s'arriva a tempo, ogni vertute,
ogni bellezza, ogni real costume
giunti in un corpo con mirabil' tempre;

allor dirà che mie rime son mute,
l'ingegno offeso dal soverchio lume;
ma se più tarda, avrà da pianger sempre.

Wer, was der Himmel und Natur vermögen,
will sehen, komm und schaue diese eine,
ein Sonnenbild, nicht meinem Aug alleine,
der Welt auch, der an Tugend nichts gelegen.

Doch komm' er bald; der Tod auf seinen Wegen
entrafft die Besten, schonet das Gemeine.
Erwartet in der Seligen Vereine,
eilt ihm dies schöne flücht'ge Sein entgegen.

Kommt er bei Zeit, so wird ihm alles Schöne,
was jede Tugend, jeder Reiz vollendet,
in einem Wesen wunderbar erscheinen.

Dann spricht er, dann: Stumm seien meine Töne,
mein Geist geschwächt vom Licht, das ihn
                            geblendet;
doch weilt er, muss auf ewig er's beweinen.

Johann Gotthard von Reinold

74   Che debb'io far? che mi consigli, Amore?
Tempo è ben di morire,
et ò tardato più ch'i' non vorrei.
Madonna è morta, et à seco il mio core;
et volendol seguire,
interromper conven quest'anni rei,
perché mai veder lei
di qua non spero, et l'aspettar m'è noia.
Poscia ch'ogni mia gioia
per lo suo dipartire in pianto è volta,
ogni dolcezza de mia vita è tolta.

Amor, tu 'l senti, ond'io teco mi doglio,
quant'è 'l damno aspro et grave;
e so che del mio mal ti pesa et dole,
anzi del nostro, perch'ad uno scoglio
avem rotto la nave,
et in un punto n'è scurato il sole.
Qual ingegno a parole
poria aguagliare il mio doglioso stato?
Ahi orbo mondo ingrato,
gran cagion ài di dever pianger meco,
ché quel bel ch'era in te, perduto ài seco.

Caduta è la tua gloria, et tu nol vedi,
né degno eri, mentr'ella
visse qua giù, d'aver sua conoscenza,
né d'esser tocco da' suoi sancti piedi,

Was fang ich an? was rätst du Liebe mir?
Zu sterben wär es Zeit. Was zaudr' ich hier?
Madonna tot, mein Herz hinweg genommen,
Und muss ich Mörder sein, zu ihr zu kommen?
Ja, ja, ich muss, weil ich sie nie
Mehr hoffen kann zu sehn, ach! ohne sie
Was ist das Leben? Tötendlangsam Sehnen
Nach der Erlösung, was die Freude? – Tränen.
Du weißt es Liebe, kennest das Gewicht
Der grauenvollen Schmerzen alle.
Gescheitert unser Schiff, dahin das Licht,
Das uns geleitet. Diesem Trauerfalle
Vergleicht sich nichts. O Erde! wie entstellt,
Ach wie verwaiset, undankbare Welt!
Dein Reiz ist hin, elende Welt voll Toren,
Ach, wüsstest du, was du an ihr verloren.
Du traurtest ewig. Nur durch sie noch schön;
Und sahst nicht ein, du warsts nicht wert zu sehn,
Nicht wert, dass ihre Füße dich berührten,
Die heiligen Füße, die gen Himmel führten.

76   perché cosa sì bella
devea 'l ciel adornar di sua presenza.
Ma io, lasso, che senza
lei né vita mortal né me stesso amo,
piangendo la richiamo:
questo m'avanza di cotanta spene,
et questo solo anchor qui mi mantene.

Oïmè, terra è fatto il suo bel viso,
che solea far del cielo
et del ben di lassù fede fra noi;
l'invisibil sua forma è in paradiso,
disciolta di quel velo
che qui fece ombra al fior degli anni suoi,
per rivestirsen poi
un'altra volta, et mai più non spogliarsi,
quando alma et bella farsi
tanto più la vedrem, quanto più vale
sempiterna bellezza che mortale.

Più che mai bella et più leggiadra donna
tornami inanzi, come
là dove più gradir sua vista sente.
Questa è del viver mio l'una colomna,
l'altra è 'l suo chiaro nome,
che sona nel mio cor sì dolcemente.
Ma, tornandomi a mente
che pur morta è la mia speranza, viva

Der Himmel neidisch auf dein Glück,
Nahm sein geliehnes Pfand zurück.
Und ich Verlassner! der ich ohne
Sie weder Welt noch mich ertragen kann,
Ich sitze hier und weine. Rufe
Vergeblich sie zurück. Trost, dass ich weinen kann.
Weh mir! ihr Anlitz Erde! ihre Mienen,
Auf denen Hoffnungen des Himmels schienen
Die uns allein ihn glauben machten. Nein,
Die göttliche Gestalt kann nicht verweset sein.
Den Schleier hat sie abgelegt, der ihre Blüte
Hier eingeschattet, ganz voll Lieb und Güte
Schwebt sie im Paradiese – oder hier
O göttlich süßer Schaur! – unsichtbar neben mir –

Jakob Michael Reinhold Lenz

Alsdann, wann sie entgegen,
So schöner uns, so herrlicher wird blühen,
Als ewige Schönheit ird'scher vorzuziehen.

Liebreizender, als je, und holdern Webens
Kehrt sie an meine Seite;
Denn da weiß sie willkommen sich vor allen.
Das ist die eine Säule meines Lebens.
Ihr Nam' ist mir die zweite,
Des Laute süß im Herzen widerhallen.
Doch wenn mir beigefallen,
Dass doch der Tod nun mein lebend'ges Hoffen

allor ch'ella fioriva,
sa ben Amor qual io divento, et (spero)
vedel colei ch'è or sì presso al vero.

Donne, voi che miraste sua beltate
et l'angelica vita
con quel celeste portamento in terra,
di me vi doglia, et vincavi pietate,
non di lei, ch'è salita
a tanta pace, et m'à lassato in guerra:
tal che, s'altri mi serra
lungo tempo il camin da seguitarla,
quel ch'Amor meco parla
sol mi riten ch'io non recida il nodo.
Ma e' ragiona dentro in cotal modo:

– Pon' freno al gran dolor che ti trasporta;
ché per soverchie voglie
si perde 'l cielo, ove 'l tuo core aspira,
dove è viva colei ch'altrui par morta,
et di sue belle spoglie
seco sorride, et sol di te sospira;
et sua fama, che spira
in molte parti anchor per la tua lingua,
prega che non extingua,
anzi la voce al suo nome rischiari,
se gli occhi suoi ti fur dolci né cari. –

Grad' im Erblühn getroffen,
Dann weiß wohl Amor, was ich selber werde,
Und sie auch seh's, entrückt dem Schein der Erde.

Die ihr einst ihre Schönheit konntet schauen,
Wie engelgleich hienieden
Sie wandelte, von Himmelshuld umwoben,
Mir schenket euer Mitleid, holde Frauen,
Nicht ihr, die solchen Frieden
Ersiegt und mich zum Kampf hat aufgehoben;
So dass, wenn jener droben
Auf lang den Weg ihr nach mir abgeschnitten,
Allein noch Amors Bitten
Mich hält, dass ich den Knoten nicht zerschneide.
Der aber spricht zu mir in meinem Leide:

»Zügle den großen Schmerz, der dich umnachtet;
Denn übermäß'ger Wille
Sieht sich dem Himmel, den du suchst, entrücket,
Wo sie noch lebt, die man für tot erachtet,
Und ihrer schönen Hülle
Still lächelt und nach dir nur Seufzer schicket.
Ihr Ruhm auch, den entzücket
Durch deine Lieder, viel der Land' erheben,
Fleht: lass mich länger leben!
Dein Wort erstark' an ihres Namens Feier,
War je ihr Auge süß dir oder teuer!«

80 Fuggi 'l sereno e 'l verde,
   non t'appressare ove sia riso o canto,
   canzon mia no, ma pianto:
   non fa per te di star fra gente allegra,
   vedova sconsolata in vesta negra.

Flieh' heitre Luft und Grünes!
Verweile nicht, wo Singen ist und Scherzen,
Mein Lied! – Nein! Doch bei Schmerzen!
Nie lass dich blicken in dem Kreis der Freude,
Trostlose Witwe du in schwarzem Kleide!

Karl Förster

Nach seinen eigenen Worten wollte Jakob Michael Reinhold Lenz, ein Dichter des Sturm und Drang, mit seiner Paraphrase der ersten vier Strophen dieser Kanzone »das ganze Abgebrochene, stoßweise Seufzende, Notgedrungene, wahrhaftig Leidenschaftliche des Originals in die Übersetzung« hinübertragen (nach Rüdiger, S. 383). Die übrigen Strophen wurden daher in der weniger eigenwilligen Übersetzung Karl Försters wiedergegeben.

82 Che fai? che pensi? che pur dietro guardi
nel tempo, che tornar non pote omai?
Anima sconsolata, che pur vai
giugnendo legne al foco ove tu ardi?

Le soavi parole e i dolci sguardi
ch'ad un ad un descritti et depinti ài,
son levati de terra; et è, ben sai,
qui ricercarli intempestivo et tardi.

Deh non rinovellar quel che n'ancide,
non seguir più penser vago, fallace,
ma saldo et certo, ch'a buon fin ne guide.

Cerchiamo 'l ciel, se qui nulla ne piace:
ché mal per noi quella beltà si vide,
se viva et morta ne devea tôr pace.

[273]

Was tust, was denkst du? Schauest immer rückwärts
auf Zeiten, die nie können wiederkehren?
Trostlose Seele, gibst noch immer Nahrung
dem Feuer, das dich brennet und verzehret?

Die sanften Worte, jene süßen Blicke,
die all und jede du dir sangst und maltest,
du weißt, entronnen sind sie jetzt der Erde,
unzeitig, hier sie wieder suchen wollen.

Ach, so erneue nicht, was dich nur tötet;
verfolge nicht den eitlen Wahngedanken,
verfolge, was zum besten Ziel dich leitet!

Lass uns den Himmel suchen, wenn hienieden
uns nichts gefällt. Unglücklich, wenn die Schöne
uns tot wie lebend nur die Ruhe raubte!

Johann Gottfried Herder

84 Se lamentar augelli, o verdi fronde
mover soavemente a l'aura estiva,
o roco mormorar di lucide onde
s'ode d'una fiorita et fresca riva,

là 'v'io seggia d'amor pensoso et scriva;
lei che 'l ciel ne mostrò, terra n'asconde,
veggio et odo et intendo ch'anchor viva
di sì lontano a' sospir' miei risponde:

»Deh, perché inanzi 'l tempo ti consume?
– mi dice con pietate – a che pur versi
degli occhi tristi un doloroso fiume?

Di me non pianger tu, ché' miei dì fersi,
morendo, eterni, et ne l'interno lume,
quando mostrai de chiuder, gli occhi apersi«.

[279]

Wenn girrend sich die Vögelein besprechen,
ein Lüftchen sanft durch grüne Zweige wehet,
und leises Murmeln von kristallnen Bächen
des blühenden Gefildes Reiz erhöhet,

wo Amor dichtend mir zur Seite stehet;
dann seh' ich sie und hör' die Sel'ge sprechen,
die uns der Himmel wies, der Tod gemähet,
und die von fern auch strebt mein Leid zu brechen.

»Warum so vor der Zeit dich selbst verzehren«,
sagt sie mir mitleidsvoll, »und immer weinend
stündlich erneuern deine Leidgeschichte?

Nicht wein um mich; versetzt in ew'ge Sphären
hat mich der Tod, und zu entschlummern scheinend,
erschloss mein Auge sich dem ew'gen Lichte.«

  Jakob Michael Reinhold Lenz

86 Quante fïate, al mio dolce ricetto
    fuggendo altrui et, s'esser pò, me stesso,
    vo con gli occhi bagnando l'erba e 'l petto,
    rompendo co' sospir' l'aere da presso!

    Quante fïate sol, pien di sospetto,
    per luoghi ombrosi et foschi mi son messo,
    cercando col penser l'alto diletto
    che Morte à tolto, ond'io la chiamo spesso!

    Or in forma di nimpha o d'altra diva
    che del più chiaro fondo di Sorga esca,
    et pongasi a sedere in su la riva;

    or l'ò veduto su per l'erba fresca
    calcare i fior' com'una donna viva,
    mostrando in vista che di me le 'ncresca.

Wie oft, von innern Stürmen heimgesucht,
flieh ich mich selbst in dieser stillen Bucht,
wo ich mit Seufzern rings die Luft belade,
und Wang und Brust mit meinen Tränen bade!

Und oh, wie oft, von leisem Graun erfüllt,
von dieser Haine brauner Nacht umfangen,
hab' ich der Todesahnung nachgehangen,
die mir allein die tiefe Sehnsucht stillt!

Dann seh' ich bald den flüssigen Kristallen
der Sorga sie, in lebender Gestalt,
mit Nymphenwuchs und Nymphengang entwallen.

Bald schwebt sie durch die Wiesen, ruhet bald
am Blumenufer mit bewölkter Stirne,
als ob sie über mich voll Liebe zürne.

August Wilhelm von Schlegel

88 Alma felice che sovente torni
    a consolar le mie notti dolenti
    con gli occhi tuoi che Morte non à spenti,
    ma sovra 'l mortal modo fatti adorni:

    quanto gradisco che' miei tristi giorni
    a rallegrar de tua vista consenti!
    Così comincio a ritrovar presenti
    le tue bellezze a' suoi usati soggiorni,

    là 've cantando andai di te molt'anni,
    or, come vedi, vo di te piangendo:
    di te piangendo no, ma de' miei danni.

    Sol un riposo trovo in molti affanni,
    che, quando torni, te conosco e 'ntendo
    a l'andar, a la voce, al volto, a' panni.

Oh sel'ge Seele, die du oft zurückkehrst,
um meinen Leidensnächten Trost zu spenden
mit deinen Augen, die der Tod nicht ausgelöscht,
vielmehr verschönert hat über das irdsche Maß:

Wie froh bin ich darüber, dass du mir gewährst,
die trüben Tage mir mit deinem Anblick zu
                              erheitern!
Und so beginn ich, deine Schönheit wieder zu
                              entdecken
ganz gegenwärtig an den Orten des vertrauten
                              Aufenthalts.

Dort, wo ich, von dir singend, ging so viele Jahre,
geh ich, du siehst es, nun und weine über dich –
nicht über dich, nein, über das, was ich verlor.

Nur eine Ruhe find ich in so vielen Schmerzen,
dass, wenn du kommst, ich dich verstehe und
                              erkenne
an Gang und Stimme, an Gesicht und Kleid.

Winfried Tilmann

90 Soleasi nel mio cor star bella et viva,
com'alta donna in loco humile et basso:
or son fatto io per l'ultimo suo passo
non pur mortal, ma morto, et ella è diva.

L'alma d'ogni suo ben spogliata et priva,
Amor de la sua luce ignudo et casso,
devrian de la pietà romper un sasso,
ma non è chi lor duol riconti o scriva:

ché piangon dentro, ov'ogni orecchia è sorda,
se non la mia, cui tanta doglia ingombra,
ch'altro che sospirar nulla m'avanza.

Veramente siam noi polvere et ombra,
veramente la voglia cieca e 'ngorda,
veramente fallace è la speranza.

[294]

Sie lebte schön im Herzen mir, geehret,
wie hohe Fraun an niedrer Stätte weilen;
nun ward ich durch ihr letztes Von-uns-Eilen
nicht sterblich nur, nein tot, und sie verkläret.

Die Seel, all ihres Gutes ausgezehret,
Lieb, ihres Lichts beraubt und bloß; mit Keilen
des Mitleids könnten Felsen sie zerteilen:
Doch keiner ist, der's schreibet noch erkläret.

Denn innen jammern sie, wo aller Ohren
taub, außer meins; dem in des Grams Ermatten
nichts andres mehr als Seufzen bleibet offen.

Wahrhaftig sind wir alle Staub und Schatten,
wahrhaftig ist der Wille blind verloren,
wahrhaftig trügerisch ist unser Hoffen.

August Wilhelm von Schlegel

92 Quel rosignuol, che sì soave piagne
forse suoi figli o sua cara consorte,
di dolcezza empie il cielo et le campagne
con tante note sì pietose et scorte,

et tutta notte par che m'accompagne,
et mi rammente la mia dura sorte:
ch'altri che me non ò di ch'i' mi lagne,
ché 'n dee non credev'io regnasse Morte.

O che lieve è inganar chi s'assecura!
Que' duo bei lumi, assai più che 'l sol chiari,
chi pensò mai veder far terra oscura?

Or cognosco io che mia fera ventura
vuol che vivendo et lagrimando impari
come nulla qua giù diletta et dura.

[311]

Die Nachtigall, die wohl so holde Klagen
um ihren Gatten seufzt, um ihre Söhne,
füllt Himmel und Gefilde mit Behagen
durch ihre sinn'gen, mitleidsvollen Töne.

Zurück mir rufend meines Schicksals Plagen,
scheint's, dass die ganze Nacht sie mit mir stöhne;
denn ich nur muss die Schuld des Wahnes tragen,
dass eine Göttin nicht dem Tode fröne.

O wie so leicht betrügt man das Vertrauen!
Zwei Augen, dacht' ich, heller als die Sterne,
verhüllen nie die Erd in dunkles Grauen.

Nun kann ich wohl mein grimmig Los durchschauen;
es will, dass lebend ich und weinend lerne,
auf nichts, was uns hienieden freut, zu bauen.

Johann Diederich Gries

94 Quel, che d'odore et di color vincea
l'odorifero et lucido orïente,
frutti fiori herbe et frondi (onde 'l ponente
d'ogni rara excellentia il pregio avea),

dolce mio lauro, ove habitar solea
ogni bellezza, ogni vertute ardente,
vedeva a la sua ombra honestamente
il mio signor sedersi et la mia dea.

Anchor io il nido di penseri electi
posi in quell'alma pianta; e 'n foco e 'n gielo
tremando, ardendo, assai felice fui.

Pieno era il mondo de' suoi honor' perfecti,
allor che Dio per adornarne il cielo
la si ritolse: et cosa era da lui.

[337]

Des Duft und Farbe überwand die Zonen
des Morgenlands, so hell und duftbegabend;
Frucht, Blüte, Kraut und Laub; der unserm Abend
verlieh der seltnen Trefflichkeiten Kronen;

mein süßer Lorbeer, jeder Schönheit Thronen
und jeder glühnden Tugend in sich habend,
sah, sittsam sich in seinem Schatten labend,
mit meinem Herrscher meine Göttin wohnen.

Auch ich dann baut' in dieser Segenspflanze
heil'ger Gedanken Netz; in Frost und Glühen
war ich der Hochbeglückten dennoch einer.

Die Welt war voll von ihrer Ehren Glanze,
da nahm, zur Zier des Himmels zu erblühen,
sie Gott zurück; und würdig war sie seiner.

August Wilhelm von Schlegel

96 I' vo piangendo i miei passati tempi
i quai posi in amar cosa mortale,
senza levarmi a volo, abbiend'io l'ale,
per dar forse di me non bassi exempi.

Tu che vedi i miei mali indegni et empi,
Re del cielo invisibile immortale,
soccorri a l'alma disviata et frale,
e 'l suo defecto di Tua gratia adempi:

sì che, s'io vissi in guerra et in tempesta,
mora in pace et in porto; et se la stanza
fu vana, almen sia la partita honesta.

A quel poco di viver che m'avanza
et al morir, degni esser Tua man presta:
Tu sai ben che 'n altrui non ò speranza.

Ich geh', beweinend meine vor'gen Tage,
in denen ich nur Sterblichkeiten liebte,
und hob nicht aufwärts mich auf meinen Schwingen,
dass ich der Welt kein schlechtes Vorbild würde.

Du, der mich Kranken, mich Unwerten kennet,
unsichtbar Ewiger, des Himmels König,
o hilf der schwachen, der verirrten Seele,
füll ihren Mangel aus mit deiner Gnade!

So dass, da ich in Streit und Stürmen lebte,
im Frieden ich und in dem Hafen sterbe
und aus der eitlen Wohnung ehrlich scheide.

Die wenig Schritte hin, die mir bevorstehn,
und dann im Tode, reiche deine Hand mir;
du weißt, dies ist noch meine einz'ge Hoffnung!

Johann Gottfried Herder

Peter Brockmeier Nachwort

Francesco Petrarca (1304–1374) mochte sich nicht damit abfinden, dass er und viele seiner Mitmenschen ein besonderes Vergnügen oder gar den Sinn des Lebens in den Gütern dieser Welt suchten und darüber ihr Seelenheil aus dem Auge verloren. Im 10. Buch der *Bekenntnisse* seines geistlichen Ratgebers, des Kirchenvaters Augustinus (354–430), konnte er lesen, dass die letzte Instanz, die den Sinn des Lebens und ein Weiterleben nach dem Tode garantiert, allein in dem Wissen oder den Erzählungen zu finden ist, die in den »weiten Palästen« oder in der »riesigen Halle« des individuellen Gedächtnisses gespeichert sind; diese Letztinstanz bezeichnete Augustinus als Gott oder das selige Leben, als Wahrheit oder Schönheit oder Frieden. Ihm zufolge beruhten also die moralphilosophische Erkenntnis und die Belehrung der Mitmenschen, um die sich auch der Humanist und Dichter Petrarca zeit seines Lebens bemühte, allein auf der Selbstbefragung.

Sich selbst nach dem Sinn seines vergangenen und gegenwärtigen Lebens befragend, betritt das poetische Ich, dem Petrarca die Gedichte des *Canzoniere* in den Mund gelegt hat, die Halle oder die Paläste seines Gedächtnisses, in dem seine Lektürekenntnisse und seine Lebenserfahrungen gespeichert sind. In dem ersten Gedicht der Sammlung, einem Exordium, macht das poetische Ich mit einem gewissen Stolz, den der Autor Petrarca durchaus teilte, auf den Wissensschatz aufmerksam, der in seinem Gedächtnis gespeichert ist und den die Kommentatoren des *Canzoniere* bekannt gemacht haben; Klage und Belehrung folgen verschiedenen Autoren und Stilen: dem Alten oder dem Neuen Testament, den christlichen Autoren, den römischen Dichtern, Philosophen und Historikern, den altprovenzalischen Troubadours, altfranzösischen Autoren, den italienischen Dichtern des »süßen neuen Stils« und Dante Alighieri.

Auch die Lebenserfahrung Petrarcas, die das poetische Ich als »was der Welt gefällt, ein kurzes Träumen« bezeichnet, war weder eintönig noch beschränkt. Er wurde als Sohn eines aus Florenz verbannten Notars geboren, der dem päpstlichen Hof nach Avignon folgte. Der Vater schickte ihn nach Montpellier, um das Zivilrecht zu studieren; gemeinsam mit seinem jüngeren Bruder Gerardo setzte er das Studium in Bologna fort; im Jahre 1326 kehrten beide nach Avignon zurück, wo sie das Erbe des Vaters verprassten. Mehr als zwanzig Jahre später erinnerte sich Francesco in einem Brief an Gerardo, der inzwischen als Mönch in der Kartause von Montrieux lebte, an diese Zeit: In ausgesuchten Kleidern und sorgfältiger Aufmachung seien sie durch Avignon spaziert, um sich von der Menge, die sie eigentlich verachteten, bewundern zu lassen; mit einer affektierten Sprache hätten sie versucht, ins Gerede zu kommen; die erotischen Erlebnisse, den bitter-süßen Drang, »der unsere Seelen quälte«, habe er nicht vergessen und klebe noch immer an der alten »üblen Gewohnheit« – womit auch die Abfassung von Liebesgedichten gemeint ist. Der Bruder habe inzwischen seinen Frieden in Gott gefunden, aber er, Francesco, sei immer noch den Verlockungen des irdischen Lebens verfallen. In einem späteren Brief an einen Freund und Gefährten aus Montpellier und Bologna, der inzwischen Erzbischof von Genua geworden war, hat er die Zeit seiner Jugend allerdings nostalgisch als eine Epoche der unbekümmerten Freiheit, des Wohlstands und des Friedens, der Wissbegier und der sicheren Ordnung beschworen; die ganze Welt habe sich inzwischen zum Schlechteren verändert: Frömmigkeit, Glaube, Wahrheit und Frieden seien verbannt, Gottlosigkeit, Lüge, Treulosigkeit, Zwietracht und Streit haben die Oberhand gewonnen.

Als das väterliche Erbe dahingeschmolzen war, wurde Francesco Petrarca Kleriker. Er lebte zunächst als Kaplan in der Hausgemeinschaft der Familie Colonna; die Aufnahme unter die Schutzbefohlenen dieser Familie war die Grundlage für die Versorgung – als Domherr und Erzdiakon bezog Petrarca später ein Einkommen aus mehreren Pfründen –, für die intellektuelle Entfaltung und die europäische Berühmtheit des Dichters und Humanisten. Nachdem er ein Anwesen in Fontaine-de-Vaucluse erworben hatte, konnte er dem Trubel und den Missständen des päpstlichen Hofes in Avignon entfliehen und sich, zwischen seinen häufigen Reisen, in idyllischer Ruhe der Lektüre und der Schriftstellerei widmen; obwohl er zum Zölibat verpflichtet war, wurden ihm ein Sohn und eine Tochter geboren.

Im Jahr 1352 verließ er die Provence und folgte der Einladung des Erzbischofs Giovanni Visconti, sich in Mailand niederzulassen. Wie zuvor die päpstliche Kurie in Avignon übertrugen auch die Herrscher von Mailand dem rede- und schreibgewandten Humanisten verschiedene ehrenvolle diplomatische Aufgaben. Gegenüber Freunden, die sich wunderten, dass er der wegen ihrer Machtpolitik berüchtigten Familie Visconti diente, behauptete er, die drei Neffen und Nachfolger des Erzbischofs seien keine »Tyrannen«, und er lebe ruhig, sicher, frei und habe nichts mit den Staatsgeschäften zu tun; äußerlich fühle er sich den Mächtigen untertan, aber sein Geist sei frei.

Wegen der Pest verließ Petrarca Mailand im Jahr 1361; die Republik Venedig gewährte ihm einen ständigen Wohnsitz; wiederholt hielt er sich auch in Padua und Pavia auf. Francesco da Carrara, der Herrscher von Padua, schenkte ihm ein Grundstück in den Colli Euganei, wo Petrarca sich ein Haus errichten ließ; hier verlebte er gemeinsam mit der Tochter Francesca, dem Schwiegersohn und der Enkelin Eletta die letzten Jahre seines Lebens.

Seit dem Beginn der vierziger Jahre des 14. Jahrhunderts bis zu seinem Tod arbeitete Petrarca daran, der Sammlung von 366 Gedichten – 317 Sonette, 29 Kanzonen, 9 Sestinen, 7 Balladen, 4 Madrigale – einen formalen und inhaltlichen Zusammenhang zu geben. Marco Santagata hat in seinem Kommentar die Belege für den sprachlichen und metaphorischen Zusammenhang des *Canzoniere* zusammengetragen und erläutert. Petrarca trat mit diesem volkssprachlichen Werk, das ein Vorbild für die europäische Liebesdichtung wurde, in Konkurrenz zu den lateinischen Gedichtsammlungen eines Ovid oder Horaz. Der Nachruhm, die Nachahmung und auch die literarische Verspottung der Liebesgedichte Petrarcas sind damit zu erklären, dass ihnen eine Idee zugrundeliegt, die Augustinus in der 87. Abhandlung des Johanneskommentars und in einer seiner Predigten formuliert hat. Ein jeder liebt sich selbst und seinen Nächsten, so wie er Gott liebt; wenn er Gott nicht liebte, liebte er auch nicht sich selbst; die Liebe, »caritas«, soll zwei Geboten folgen: den Nächsten wie sich selbst zu lieben und Gott aus vollem Herzen zu lieben. Es ist ein und dieselbe Liebe, die sich den Menschen und Gott zuwendet. Die Aussage, dass die himmlische und die irdische Liebe äquivalent seien, ist paradox, weil das besondere Interesse für die irdischen Güter von dem Gedanken ans Jenseits abzulenken pflegt. Dante Alighieri (1265–1321) versuchte den Widerspruch aufzulösen, indem er die geliebte Beatrice dazu berief, aus dem Jenseits die beste Ordnung für die irdische Welt zu verkünden. Petrarca stellt das Paradox als ein individuelles Problem dar: Das poetische Ich schämt sich über sich selbst, weil es die himmlische Liebe nur begreifen kann, indem es sich an das Glück und das Unglück der irdischen Liebe erinnert. Nach den Worten des poetischen Ich im ersten Gedicht der Sammlung verbindet es die Erinnerung an eine Liebe, die ihm Hoffnung und Schmerz gebracht hat, mit der Erwartung, dass die Form der Darstellung das Verständnis des Lesers gewinnen werde. Die poetische Funktion der Sprache, die auf phonetischen, syntaktischen und semantischen Äquivalenzen beruht, soll den Leser an dem Prozess der Selbsterfahrung teilnehmen lassen.

Im 2. Buch von Petrarcas berühmtem und weit verbreitetem Werk *Heilmittel gegen Glück und Unglück* findet sich ein Dialog über die irdische Liebe, »De gratis amoribus«. Gegenüber der hartnäckigen sexuellen Appetenz des Menschen, dem »gaudium«, offenbart die »Vernunft«, »ratio«, eine gewisse Hilflosigkeit und verweist auf den natürlichen Verlauf des Lebens als bitteres, aber einziges »Heilmittel«: Da die Ursachen der Liebe – einer »ansteckenden

Krankheit« – Gesundheit, körperliche Schönheit, Reichtum, Müßiggang und Jugend seien, könne sie allein durch Krankheit, Hässlichkeit, Armut, durch eine anspruchsvolle Beschäftigung und durch das Alter geheilt werden. Im *Canzoniere* wird diese Überlegung mit der paradoxen Vorstellung, Selbstliebe sei Gottesliebe, verbunden: Die Liebe ist zwar unheilbar, und sie quält den Menschen sein Leben lang; das Bild der einzig geliebten Frau verfolgt ihn über ihren Tod hinaus; die Allgegenwart ihres Bildes in der Erinnerung, die unheilbare Liebeskrankheit, nährt aber die Hoffnung auf einen ewigen Frieden.[1] Den Begriffen »Reichtum«, »Müßiggang« und »gewichtige Beschäftigung« – »grave negotium« – werden positive, idealistische Bedeutungen gegeben. Denn die Erinnerungen an die Liebe werden literarisch prunkvoll ausgestaltet; Selbstbetrachtung oder Selbsterforschung erscheinen als gelehrter Müßiggang, als Ciceros »otium litteratum«. Wird die Tätigkeit des Dichters mit dem Streben nach Ruhm und Tugend verbunden, so erscheint sie als eine gewichtige Beschäftigung. Die Vorstellung des Alterns und der Gedanke an den Tod werden versüßt, weil die einzigartige irdische Liebe kraft der poetischen Gestaltung als ewige himmlische Liebe ruhmreich überdauern wird.

[1] *Canzoniere* 337; 365.

Als Naturgewalt wird die Liebe zu Beginn des *Canzoniere* dargestellt.[2] Wie die Sonne im Frühling die Natur weckt, so weckt die Geliebte, »eine Sonne« unter den Frauen, in »Wort, Gedanken und Tat« die Liebe des noch jugendlichen poetischen Ich. In der längsten Kanzone der Sammlung[3] wird dieses »schmerzensreiche Leben« des Liebenden geschildert; er gerät in einen Zustand der wilden »zügellosen Lust« und verliert die Beherrschung über Körper und Geist; er ist dem Willen der »mächtigen Dame« ausgeliefert, die ihm an Tugend und Verstand überlegen ist. Kraft der Liebe bestraft und belohnt sie ihn, indem sie ihn nach Vorbildern aus den *Metamorphosen* Ovids nacheinander in einen Lorbeerbaum, einen Schwan, einen Stein, eine Quelle, in das Echo und in einen Hirsch verwandelt. Die Verwandlung in einen Lorbeerbaum ist als Belohnung aufzufassen, denn in der Dichtung und als Dichter findet der Liebende seinen Trost. Die übrigen Verwandlungen sind als Bestrafungen für anmaßendes, indiskretes oder vorlautes Verhalten des Liebenden zu verstehen. Die Verwandlung in den Hirsch greift die Erzählung von Actaeon auf, der die Göttin Diana nackt im Bade erblickt und von ihr in einen Hirsch verwandelt wird, den die Jagdhunde zerreißen. Diese Ver-

---

2 *Canzoniere* 9.
3 *Canzoniere* 23.

wandlung steht am Ende der Kanzone und evoziert das sinnliche Begehren eines jungen Mannes; in der Schlussstrophe wird ironisch darauf aufmerksam gemacht, dass der entselbstete, also unglückliche Liebhaber die Dame auch besessen habe: Er musste sich nicht in einen Goldregen verwandeln, um seine »Danaë« zu begatten, sondern entführte sie – wie Zeus den Ganymed –, um sie in seiner Dichtung zu verewigen. Die Liebe beherrscht den Liebhaber körperlich und geistig; sie verwandelt ihn in literarische Figuren und inspiriert ihn zu Erfahrungen und Erzählungen über die Liebe; die »mächtige Herrin« ist hart, weil sie ihn für sein ungebührliches Verhalten bestraft; aber sie ist grausam und wild, weil die Frauen, wie die Klassiker der Liebespsychologie, Vergil, Ovid, Properz, es behauptet haben, wahnsinniger und leidenschaftlicher lieben als die Männer.

Die Geliebte trägt im *Canzoniere* den Namen Laurea oder Laura und übernimmt zwei Funktionen. Sie wird als Geliebte und Liebende vorgestellt, die den Liebenden anlächelt, die ihn anschaut und mit ihrem engelgleichen, göttlichen Gesang wie eine Sirene verführt, deren wunderbare Schönheit ihn begeistert, deren Anwesenheit oder Krankheit ihn bekümmert. Auch sie scheint von der Liebe »im Herzen« getroffen, aber sie achtet darauf, dass die Diskretion gewahrt bleibt; sie ist ein Vorbild in Sprache und Sitte; nach ihrem Tod ist die Erde verwaist, aber die

Erinnerung an die einmalige, von ambivalenten Gefühlen geprägte Beziehung bleibt gegenwärtig.[4] Darüber hinaus personifiziert die Geliebte »Daphne«, die erste unglückliche Liebe Apolls; auf der Flucht vor dem Gott wird die Nymphe in einen »Lorbeerbaum« verwandelt, und Apoll weiht den Lorbeer als Auszeichnung der Dichter und Feldherren. Im weiteren Sinn ist die geliebte Laura eine Personifizierung der Dichtung und des Ruhmes, der mit der Dichtung, aber nur mit Mühe und Anstrengung erworben werden kann. Wäre Petrarca nicht von der Liebe zur Dichtung inspiriert worden, so wäre sein Verlangen nach der unbekannten Frau längst vergessen; aber »Worte [sind] dauerhafter als Erz«.[5]

Wie in der römischen Liebeselegie spricht auch das poetische Ich des *Canzoniere* als Liebhaber und als Dichter; es strebt nach der bitteren Frucht des Lorbeers, weil die Liebe ihn inspiriert hat, den Ruhm des Dichters in der Nachfolge Apolls zu erringen; es trägt den Lorbeerbaum und das Streben nach Ruhm in seinem Herzen. Der Lorbeer versinnlicht Schönheit und Tugend der geliebten Laura ebenso wie die Dichtung, die der Angebeteten einen Platz im »Himmel« verschafft.[6]

Die Liebesdichtung der Troubadours war ein ge-

---

4 Vgl. *Canzoniere* 88; 23.
5 Ulla Hahn, »An Madonna Laura anno 2004«.
6 *Canzoniere* 6; 23, V. 35–40; 337.

selliges Spiel, in dem Dichter und Dichterinnen darin wetteiferten, sexuelles Begehren, erotischen Erfolg oder Misserfolg kunstvoll darzustellen. In der Nachfolge der *Bekenntnisse* des Augustinus setzt Petrarca dagegen die Liebesdichtung als Gewissenserforschung ein und rechtfertigt sich und sein Leben vor dem Gericht eines poetischen Ich: die Liebe zu Laura wird als eine irdische und eine himmlische Liebe dargestellt. Die Dichtung soll mehr als ein Gesellschaftsspiel sein; sie bewahrt das Flüchtige vor dem Vergessen, das Irdische vor der Vergänglichkeit. Das Dichten, die poetische Selbstbesinnung, erscheint als ein Zustand der Selbstvergessenheit und der Entrückung, wie Giacomo Leopardi, der große italienische Dichter aus der Zeit der Romantik, das Dichten oder das Schreiben kennzeichnete.[7]

Von den Kommentatoren wurde wiederholt darauf hingewiesen, dass das poetische Ich sich der Melancholie hingibt.[8] Petrarca hat diese »Lust am Schmerz« im 2. Buch der *Heilmittel gegen Glück und Unglück* unter den Stichworten »Tristitia et miseria« als eine »Seuche« verurteilt, weil sie die Gewissheit des ewigen Lebens vergessen lasse. Auch das poetische Ich des *Canzoniere* weiß und empfindet Reue darüber, dass die irdische Liebe die himmlische ver-

7 Vgl. *Canzoniere* 12; 61; 109; 248; 279; 281; 282.
8 Vgl. *Canzoniere* 35, 294, 311.

drängt und die Seligkeit verlorengeht; es empfindet den Tod als eine Erlösung von dem Übel dieser Welt; es weiß, dass ein und dieselbe Liebe »Missbehagen« und »Frieden« bringt; vielleicht ist es traurig gestimmt, weil die Heilsbotschaft, die Amor auch verkündet, nur als poetische Erinnerung an die irdische Liebe, als »eine trostlose Witwe in schwarzem Kleide«, wahrgenommen wird.[9]

Bibliographische Anregungen für die Beschäftigung mit Petrarcas Canzoniere

Augustinus, Aurelius: Confessiones. Bekenntnisse. Lat./Dt. Übers., hrsg. und komm. von Kurt Flasch und Burkhard Mojsisch. Stuttgart: Reclam, 2009.

Fischer, Carolin: Der poetische Pakt. Rolle und Funktion des poetischen Ich in der Liebeslyrik bei Ovid, Petrarca, Ronsard, Shakespeare und Baudelaire. Heidelberg: Winter, 2007.

Fischer, Carolin: *Inquietudo* als anthropologisches Gestaltungsmodell des poetischen Ich in Petrarcas *Rerum vulgarium fragmenta*. In: Inquietudini. Gestalt, Funktion und Darstellung eines affektiven Musters in der italienischen Literatur. Hrsg. von Rudolf Behrens und Rainer Stillers. Heidelberg: Winter, 2010. S. 15–26.

Hoffmeister, Gerhart: Petrarca. Stuttgart/Weimar: Metzler, 1997.

Holzberg, Niklas: Die römische Liebeselegie. Eine Einführung. Darmstadt: Wissenschaftliche Buchgesellschaft, ²2001.

9 Vgl. *Canzoniere* 365; 273; 32; 268.

Keller, Luzius (Hrsg.): Übersetzung und Nachahmung im
 europäischen Petrarkismus. Studien und Texte. Stuttgart:
 Metzler, 1974.
Petrarca, Francesco: Heilmittel gegen Glück und Unglück.
 De remediis utriusque fortunae. Lat./Dt.
 In Auswahl übers. und komm. von Rudolf Schottlaender.
 Hrsg. von Eckhard Keßler. München: Fink, 1988.
Petrarca, Francesco: Canzoniere. 50 Gedichte mit
 Kommentar. Übers. und hrsg. von Peter Brockmeier.
 Stuttgart: Reclam, 2006.

Textnachweise

Der italienische Text folgt der Ausgabe:
Francesco Petrarca: Canzoniere. Herausgegeben von Marco
 Santagata. Mailand: Mondadori, 1996.
Der deutsche Text folgt, unter Angleichung an den heutigen
Stand der Rechtschreibung, den Ausgaben:
Francesco Petrarca: Sonette. Auswahl. Italienisch/Deutsch.
 Herausgegeben von Horst Heintze. Leipzig: Reclam,
 ³1990. (1, 3, 7, 9, 32, 61, 81, 90, 123, 132, 134, 156, 162, 164,
 181, 189, 193, 209, 248, 273, 279, 281, 294, 311, 337, 365)
Francesco Petrarca: Canzoniere. Eine Auswahl. Italienisch/
 Deutsch. Übersetzt und herausgegeben von Winfried
 Tilmann. Stuttgart: Reclam, 2000. (23, 282).
Francesco Petrarca: Sämmtliche Canzonen, Sonette,
 Ballaten und Triumphe. Übersetzt und mit erläuternden
 Anmerkungen begleitet von Karl Förster. Leipzig:
 Brockhaus, ²1833 (268).
Italienische Gedichte aus acht Jahrhunderten. Herausgegeben
 von Horst Rüdiger. Italienisch/Deutsch. Bremen:
 Schünemann, 1959 (35, 52, 126, 268).

Die Übersetzer

Karl Förster (1784–1841)
Johann Diederich Gries (1775–1842)
Johann Gottfried Herder (1744–1803)
Jakob Michael Reinhold Lenz (1751–1792)
Johann Gotthard Reinold (1771–1838)
Caroline Schelling (1763–1809)
Friedrich Wilhelm Joseph von Schelling (1775–1854)
August Wilhelm Schlegel (1867–1845)
Franz Theremin (1780–1846)
Winfried Tilmann (*1938)
Friedrich Werthing (um 1800)

Alle Rechte vorbehalten
© 2011 Philipp Reclam jun. GmbH & Co. KG, Stuttgart
Gestaltung: Cornelia Feyll, Friedrich Forssman
Satz und Druck: Reclam, Ditzingen
Buchbinderische Verarbeitung: Kösel, Krugzell
Printed in Germany 2011
RECLAM ist eine eingetragene Marke
der Philipp Reclam jun. GmbH & Co. KG, Stuttgart
ISBN 978-3-15-010837-6
www.reclam.de